PHILOSOPHIES

François Lavergne

Rivotril.

Ce médicament ne doit jamais être utilisé dans les situations suivantes :

· insuffisance respiratoire sévère,
· syndrome d'apnée du sommeil.

N'utilisez jamais RIVOTRIL* :
Si vous avez une insuffisance respiratoire grave.
Si vous avez un syndrome d'apnée du sommeil (pauses respiratoires pendant le sommeil).

On a donc utilisé ce médicament pour forcer la cause et le décès hors-AMM autorisation de mise sur le marché et ce par décret.

Le droit de tuer pour aider. La réponse au Covid a été démultipliée par principe et précaution. Conclusion : on ne laisse pas à des abrutis des décisions aussi majeures. Pétain on s'est fait avoir. Certains en sont morts.

C'est la vie.

Pourquoi alors l'homme tue-t-il ? Pour protéger son territoire, s'il est attaqué par d'autres hommes. Pourquoi ces autres hommes attaquent-ils ? Pour avoir les biens parce qu'ils n'en ont pas, et forcément l'attaqué ne veut pas les donner, la querelle devint guerre. Ce mot a été utilisé dès la naissance du français d'environ un millénaire avec le sens principal qu'on lui connaît toujours aujourd'hui. Il s'est alors déformé sur le plan phonétique : le w est devenu le son [g]. Comme William et Guillaume (le Conquérant).

Du vieux bas francique langue germanique parlée jusqu'au VIIIe siècle par une partie des Francs à werre vieux normand donnant war, comme blanc blank, bleu blou, bord. La problématique vient donc de la définition de la propriété et du pouvoir qui la contrôle. Mais tout ne peut pas être à tout le monde. D'où la notion de mariage. La femme accepte-elle d'être une propriété par nature ? Demandez-leur, leur intimité est leur bien. Il ne peut être possédé, disséqué, violé. Malheureusement le plaisir est au même endroit. Le principe de la rédemption est de se faire pardonner. On est toujours coupable de quelque chose. Comment alors transformer le monde le rendant innocent ? Prêcher le faux sur le faux selon Aristote. Exemple : les juifs ne sont pas cupides, les femmes n'aiment pas le plaisir, les noirs ne sont pas blancs, la France est un pays et non un territoire, la démocratie existe, l'argent ne sert à rien, le nucléaire est la solution écologique, il est difficile de supprimer le sodium de l'eau de mer, il est facile d'aller sur Mars, il faut manger du thon gras, le vin est bon pour la santé, l'honneur justifie la mort, le monde sera chinois, le prophète est gentil, l'église a raison, aimer est dangereux, haïr est normal, la grande distribution veut notre santé, le cancer est une maladie, le Rivotril était la seule solution pour nos aînés confinés, l'hôpital n'a pas assez de lits, il faut travailler plus, le couvre-feu était juste, il faut voter car c'est un droit, il fait trop chaud l'été. Pas de chance. Heureusement les chiens.

Respirons et partageons.

*Prise en charge palliative de la détresse respiratoire des patients atteints ou susceptibles d'être atteints par le virus.

On en devient susceptible. MAIS L'ERREUR EST HUMAINE.

Santé !

Dordogne : d'où je viens. Deux ruisseaux de montagne la Dore et la Dogne se rejoignent au Mont-Dore : au patrimoine mondial de l'UNESCO (pour sa biosphère). Conséquences, encore des poissons vivants (je ne suis pas arrêtes), des noix, son huile et des canards. Au nord la race limousine pour son bœuf (privilégiez la basse-côte) et veaux (foie et double-côte), au sud l'agneau à l'œil noir (son épaule et ses côtes) à partir du Martel du grand Charles pour notre partie sud-Corrèze, nord-Lot. Et le rocamadour avec nos pains et leurs fours. Nos asperges blanches et nos fruits (fraises, pêches de vigne, prunes, figues, pommes et poires) complèteront vos paniers de saison.

Dalloyau. En 1682, Charles Dalloyau entre au service de Louis XIV comme officier de bouche. Son talent et sa passion sont héréditaires. Il sera le premier d'une lignée de quatre générations à la cour de Versailles. En **1802**, inspiré par les modes de vie apparus au lendemain de la Révolution française, Jean-Baptiste Dalloyau fonde la première maison de gastronomie, 101 Rue du Faubourg Saint-Honoré. Il invente le prêt à emporter qui aussitôt régale les fins gourmets. Le gâteau opéra sera créé par la maison en 1955.

Angelina. Son fondateur crée en 1903 avec son fils René au 226 Rue de Rivoli un salon de thé nommé « Angelina » en l'honneur de sa belle-fille. Ils codifient une vieille recette originaire du Piémont, le Mont-Blanc (the shape of the mountain chestnut torch) et ses cheveux d'ange (Angelina), « angel hairs ».

En 2020, 4 500 tonnes d'huile d'olive ont été produites en France.

La truffe du Haut-Quercy c'est 2 tonnes, 200 avant la première guerre. Non la guerre n'a pas tué. Une recette moléculaire : fouettez trois blancs d'œufs avec une pincée de sel. Incorporez la truffe. Enfournez l'omelette norvégienne de truffe en position grill, juste le temps de la dorer. Le blanc d'œuf est un isolant, la truffe ne sera pas cuite et gardera ses saveurs de fraîcheur. Vous pouvez lisser au préalable votre ramequin à l'huile ou au beurre truffé. *Insulating/insulator*. Des verrines ou moules en forme d'œuf feraient effet. Trois étoiles, taille patron.

Comme un truffadou*. Il est dans ma destinée de tailler mon chemin de fer dans le roc car je ne pourrais suivre celui pratiqué et ouvert par d'autres. Que la science de ma vie soit le ciseau du sculpteur qui m'aide à tailler ce bloc de pensées qui est le vrai fond de moi-même. Partager cette sculpture c'est démontrer l'unicité de tout acte et aimer.

*Taillée dans la falaise de Mirandol surplombant la Dordogne (une grotte « château » des Anglais subsisterait dans la falaise avec son trésor cherché par des générations), cette ancienne ligne ferroviaire fut mise en service en 1889 et acheminait les truffes vers la gare de Saint-Denis-près-Martel, direction Paris.

Martel. Le grand frère de Richard Cœur de Lion est mort à Martel. Henri le Jeune (1155-1183), deuxième fils de Henri II Plantagenêt : la mort de son aîné Guillaume en 1156 fait de lui l'héritier présomptif de son père Henri II Plantagenêt. En 1158, il est fiancé à la fille du roi de France Louis VII, Marguerite de France puis marié en 1160 (elle a deux ans) ;

demi-sœur de Philippe Auguste et demi-sœur de ses propres demi-sœurs Marie et Alix. Marguerite meurt à Saint-Jean-d'Acre après la troisième croisade devenue reine de Hongrie.

Musique : donner des morceaux de sentiments.
Ce que je reproche aux Caves du Louvre est de ne plus en donner. Flunch est plus rentable sans sentiment. C'est l'esprit rugby ?

Engie : a économisé 139 tonnes de CO2. grâce à 36 000 clients. C'est la pub. Donc chaque client a économisé 3,8 kg de CO2. On est fait quoi ? 100 litres d'eau en bouteille c'est 45 kg. T'es très con Engie. Ou tu nous prends pour. Engie, Engie. When will those clouds all disappear? Where will it lead us from here? With no loving in our souls and no money in our coats, you can't say we're satisfied.

Recette. Aujourd'hui : butter chicken. Par définition il faut du beurre et du poulet. On recrée par nos expériences. Mon premier, Sheikh Zayed Road à Dubaï.

Champagne Lavergne. Créé en 2011 par l'œnologue François Lavergne à partir du terroir de Talus-Saint-Prix de la Côte des Blancs, le champagne Lavergne Brut a reçu de nombreuses distinctions : 16/20 Jancis Robinson comme sa cuvée Rosé, médaille d'or au concours des meilleurs champagnes et effervescents du monde 2018 Glass of Bubbly Londres, catégorie méditation vins d'esprit, 92/100 et médaille d'or aux International Taste Awards 2020 Slow Food en Italie. Seul champagne de producteur référencé par la société Asahi à Londres. Dans les trois meilleurs champagnes les moins connus du magazine Taste of France.

Le roi. 23 juin 1789.

« Réfléchissez, Messieurs, qu'aucun de vos projets, aucune de vos dispositions ne peut avoir force de loi sans mon approbation spéciale. Ainsi, je suis le garant naturel de vos droits respectifs ; et tous les ordres de l'État peuvent se reposer sur mon équitable impartialité. Toute défiance de votre part serait une grande injustice. C'est moi, jusqu'à présent, qui fais tout le bonheur de mes peuples ; et il est rare peut-être que l'unique ambition d'un souverain soit d'obtenir de ses sujets qu'ils s'entendent enfin pour accepter ses bienfaits. »

Napoléon : « l'homme en naissant porte avec lui des droits sur la portion des fruits de la terre nécessaires à son existence. » Ajaccio novembre-décembre 1790.

« Sitôt que les hommes sont en société, ils perdent le sentiment de leur faiblesse ; l'égalité qui était entre eux cesse, et l'état de guerre commence. »

Montesquieu. De l'esprit des lois. Genève 1748.

De la Révolution.

« La déclaration des droits n'est point la lumière du soleil qui éclaire au même instant tous les hommes ; ce n'est point la foudre qui frappe en même temps tous les trônes. Il est plus facile de l'écrire sur le papier ou de la graver sur l'airain*, que de rétablir dans le cœur des hommes ses sacrés caractères effacés par l'ignorance, par les passions et par le despotisme. Que dis- je ? N'est-elle pas tous les jours méconnue, foulée aux pieds, ignorée même parmi vous qui l'avez promulguée ? Robespierre le 02 janvier 1792. Discours sur la guerre.

*Bronze.

Cofidis : pourquoi les femmes aiment-elles les fleurs ?

Les fleurs sont une métaphore poétique de la vie. Elles naissent d'une pollinisation ou de graines, grandissent en affrontant les éléments extérieurs, atteignent leur apogée de beauté puis se fanent et disparaissent. Le génie du fruit vient d'un moment de grâce. Les abeilles transforment la nature en l'embellissant tout en œuvrant. Cette agriculture naturelle du mouvement crée un goût, d'un lieu, d'un moment, d'une fleur. Les sommeliers et goûteurs devraient passer leur temps dans des magasins de miel. Miracle, le miel, l'aliment qui sait tout guérir.

Jésus s'est trompé sur le pain. Une cuillère de miel aux apôtres aurait sauvé la face du monde. Miel le matin et le vin fête son couchant sur ses coteaux lointains.

L'âme du monde est celle de ses dons, notre dame nature.

Que faire avec un litre de lait ? Un gratin !

Couper les courgettes en lamelles, faites dégorger au gros sel. Jeter l'eau après deux heures. Battre trois œufs, rajouter le lait. Pas d'ajout de sel, les courgettes sont déjà salées. Rajoutez ce que vous souhaitez ou ce qu'il vous reste du frigo, riz (idée appliquée du omu-rice japonais), fromage, viandes, poisson, charcuteries, champignons. Préchauffez à 200°C. Enfournez 15 minutes minimum jusqu'à coloration.

Aboulafia. Père de santé.

S'amuser : l'entendement créé intellectuellement ne peut voir occultement. MICHEL NOSTRADAMUS.

« Un Empereur naiftra près d'Italie,

Qui à l'Empire fera vendu bien cher,

Diront avec quels gens il fe ralie,

Qu'on trouvera moins prince que boucher. »

A TROYES,

Par Pierre Chevillot, l'Imprimeur ordinaire du Roy. 1611.

LES PROPHETIES DE M. MICHEL NOSTRADAMUS

Dont il y en a trois cens qui n'ont encores iamais esté imprimées.

Carambar était, avant Schweppes et son retour à la France, fabriqué par une chocolaterie de Lille fondée en 1848 par le couple Delespaul-Havez. Le Carambar serait dû à l'erreur d'une machine mal réglée qui aurait fabriqué des caramels longs, les « caramels en bar », caram'bar, en 1954.

Aïe Aïe Aïe.

C'est comme Jésus, mythe ou réalité ?

Meilleures blagues ? Il n'y en a pas.

Ah si : « quel est l'animal le plus heureux ? Le hibou, parce que sa femme est chouette. »

Calembours.

Aux calembours des faubourgs, je préfère les carambars des motards disait le curé se léchant les babines après les vêpres. L'accuser de complicité enfantine serait un crime de lèche-majesté.

Ah oui la blague des motards : « quand tu enfourches la bête, elle te suce après à la pompe » disait Macron. Ukraine oblige. Les u craignent rien quand tu mets les points sur les i. Brigitte tu l'as formé. Tiens bon il a un chien*.

Je cherche toujours la chute si blague est.

*Nemo, né sous le nom de Marin en avril 2016 à Tulle (Corrèze), est un chien croisé Labrador Retriever-Griffon. Cela s'appelle remplir la page. Alors citons Nemo :

« Vous m'avez attaqué ! Vous êtes venus surprendre un secret que nul homme au monde ne doit pénétrer, le secret de toute mon existence ! »

Bidonnage in English *Biden-aged*. C'est comme le fromage, plus c'est vieux plus ça pu. Heureusement le ouh mamie.

CHOCOLAT DELESPAUL-HAVEZ

Bus.

Pourquoi les vieux prennent toujours le bus à 17h ? Pour qu'on leur donne une place.

Guerres.

Guerres d'argent.
T'as l'IBAN ? Non j'ai le BIC.

Guerres de pouvoir.
T'es armé ? Non je suis religieux.

Guerres de religions.
T'as le même dieu ? Alors je te tue.

Dieu est grand mais pas ses sujets.

Libre expression.

« Monsieur, votre masque est mal mis. »

Je suis en train de manger.

« Vous avez le sans contact ? »

Et ta sœur ?

Je vois encore des gens avec des masques. C'était comme si tu sortais de prison et que tu gardais tes chaînes au cas où. Les nazis, je n'ose pas mettre une majuscule, ont programmé la mort. Nous on s'est programmé tout seul. Même Robespierre n'aurait imaginé un tel niveau d'avilissement du peuple. Nuls, nuls, nuls. Cela fait trois fois zéro. Cela fait toujours zéro mais cela fait plaisir de répéter.

Foire.

Je reçois le catalogue de la foire aux vins Lidl. Laurent Ducognon* y est. Ouf.

*Existe vraiment.

Quand t'as Ducognon, ta femme prie.
Si elle est pieuse.
Si elle est pieu ; les talons charment.

Qui a écrit la Marseillaise ?

Un rouget de l'île. Sa tête abaisse disait Guillotin (né à Saintes). Non ma bouille dit le roi. C'était un lundi à 10h22.

Citations*.
« Il avait de l'esprit : tête bien pleine ne succombe pas à la loi disait Montaigne. Lorsque l'on se cogne la tête contre un pot et que cela sonne creux, ce n'est pas forcément le pot qui est vide disait le roi. »

*Fausse citation. Tête trop pleine déborde.

Tumeur.
Tu meurs d'un cancer des poumons ? « Je lui avais dit qu'il fumait trop. » Et toi ton cancer du cerveau ?

On meurt de conséquences.

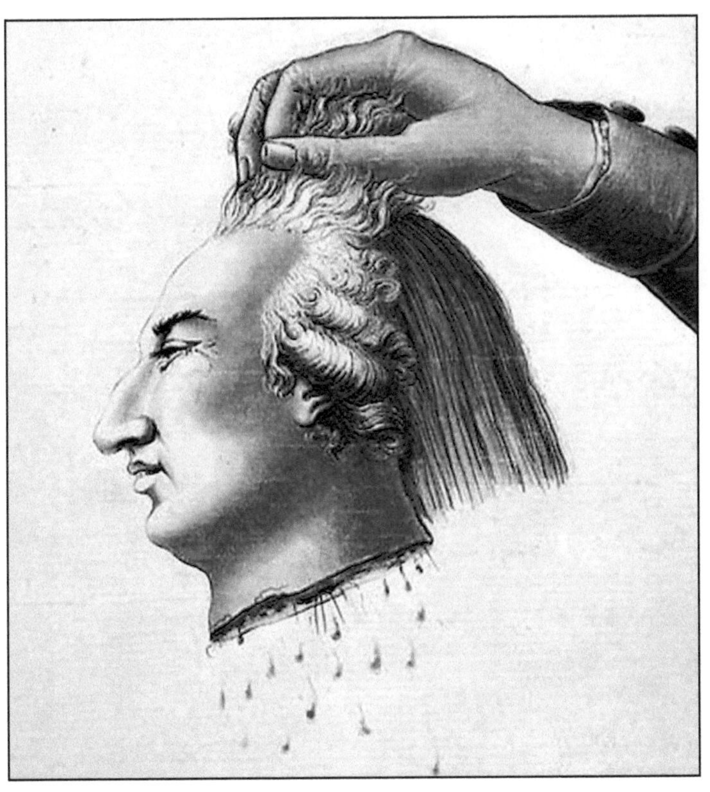

Boulangerie Patisserie
Boulangerie
MURCIANO
Patisserie
16

Marais.

Meilleur croissant de Paris ? 1 euro. Depuis 1909 au 16 Rue des Rosiers. Murciano. Strudel au pavot bleu, à opium pour l'exotisme. MohnKuchen. *Poppy Seed Cake*. Pourtant Simone veille quand on parle d'héroïnes et de pavot somnifère. Rabbi* de vous connaître mon frère. *Prononcer rabbï in English. Rue Pavée, on signe Rav Chaim Yaakov Rottenberg les autorisations placardées en devanture des lieux de bouche. La rue Pavée est la seule rue non pavée. Malin. *Paving stones. Paved Street. Carved in stone* est une autre expression à retenir (gravé dans le marbre) lorsque l'on parle de mémoire du goût ou olfactive. 2000 ans d'exode, on garde religion et pâtisseries.

Comment expliquer la chute de Napoléon ?

Le climat, russe, l’orgueil, corse, la maladie, toute française : la fatigue.

Il pensait que la médecine, par son incertitude, par les risques qu'elle entraîne, était, dans ses résultats pris en masse, plus nuisible aux peuples qu'utile, observant toutefois que la médecine pouvait avoir sur le malade une action morale considérable.

Cette action morale, Napoléon la connaissait, il l'avait exercée supposément à Jaffa en Syrie, pardon Israël.

En tant que mystique, je pense que Bonaparte croyait aux prières qui soignent ou calment. Comme une force divine.

Son mental devait jouer beaucoup.

Son lien avec la nature était également très fort.

Avilissement : rabaisser.

Mentir : abuser.

Ma découverte du jour
Le petit bée de brebis à la Ginestarié dans le Tarn

Montmartre caché.

18 Rue Véron, 75018 Paris. Édith Piaf y eut sa première chambre à Paris en 1929. Elle y reviendra en 1948 rejoindre Marcel Cerdan qui y avait ses habitudes à la salle de boxe sur le palier d'à côté. Hôtel de Clermont. On trouve de très bons restaurants rue Véron même si la rue manque de sublime. Surprenamment : Koul Kebab, tout maison dont le pain. Ou Riwi au 40 (comble c'est du kurde, renard : rêwî) pour un verre chic. C'est le charme de Montmartre, on trouve toujours quelque chose détonnant comme on dit là-bas au Kurdistan.

Valentin s'exprime en ces termes dans une homélie : « vous êtes immortels dès l'origine ; vous êtes les fils de la vie éternelle, et vous avez voulu répartir la mort entre vous, afin de la dépenser, de la détruire, et que la mort mourût en vous et par vous. Supposez le monde en ruines ; pour vous, vous n'éprouveriez point la dissolution ; vous êtes les rois de la créature, et vous avez pouvoir sur l'empire de la mort. »

CHAPITRE XIII STROMATES LIVRE IV.
CLÉMENT D'ALEXANDRIE.

C'est à l'homme de décider de faire le bien ou le mal. Il n'a pas d'excuses. S'il se trompe, il doit faire son contraire. On oublie souvent le sens des contraires. Ce n'est pas un compromis, c'est juste son inverse. L'inverse de tuer est de faire vivre. L'opposé de 100% est 0%, et non un entre-deux. C'est le principe de la ligne qui a deux extrémités. Si vous vous trompez de chemin, allez dans son sens inverse. Une ligne n'est pas courbe. Se mentir est ne pas l'accepter. Tout enfant le comprend. Pas nous.

De tout temps l'homme a cherché des formules féériques, mystiques, magiques, ésotériques, animistes, gnostiques, prophétiques, alchimiques ou déiques pour le pouvoir, pour le bien, pour l'éternité.

Sois ton propre bus. Si tu te trompes de chemin, fais marche arrière. C'est toi qui payes le ticket du bus.

N'avance plus parfois ou tu es mort : tu ne peux plus reculer, embourbé, alors fais-toi aider.

Demande à Napoléon.

Il faut savoir dire non.

Mensonges.

Ne te mens pas. Ne mens pas. Assume qui tu es.

C'est cela le courage, la vérité contraire du mensonge. S'améliorer est ta clé. L'envie, la médisance, la jalousie, le contrôle de tes actes, vie et pensées sont les causes des rétrogradations, culpabilités et souffrances.

On a le droit de se tromper.

On se corrige mais on n'est pas corrigé sans raison. Le jugement doit être fondé sur une réalité de vérité acceptée et réévaluée. La loi. On veut ta place ? Alors donne-là et recrée ton lendemain.

N'accepte pas le compromis sauf s'il est juste, bon et justifié. Il faut savoir donner pour recevoir. Mais il faut recevoir, amitiés, respect, amour, reconnaissance, salaires, encouragements. Le jugement permanent est une dictature, un joug à sens unique, les fers de ta prison, esclave pour le profit de l'autre par définition injuste.

Dis merci, et part. Baisse la tête seulement si tu en as d'autres à sauver. Pour un temps.

Reprend ta liberté.

Sois un leader de bonté, suis des exemples de non-compromission. Le sourire doit être juste comme le merci.

L'injuste te doit toujours une deuxième chance.

Sinon c'est pas juste.

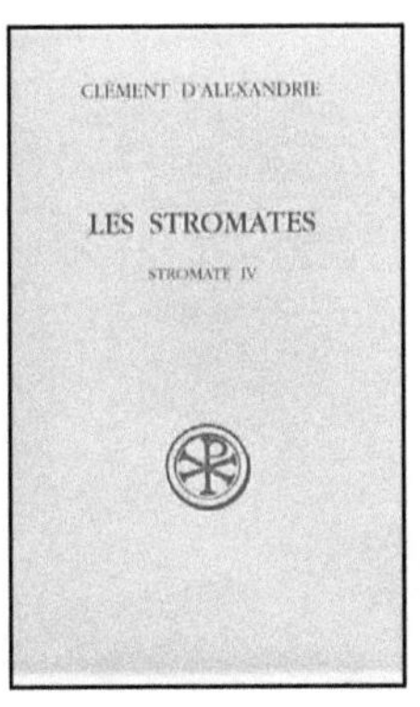
CLÉMENT D'ALEXANDRIE
LES STROMATES
STROMATE IV

Charolais.

Fromage charolais (lait de chèvre, sel et présure de chevreau). Mon fromage du soir est de la laiterie Bernard qui se situe au cœur du Mâconnais. Elle collecte son lait chez neuf producteurs dans un rayon de 50 km de la fromagerie : 71250 Saint-Vincent-des-Prés. 12 km au nord-ouest de Cluny.

60 tonnes par an (le comté 60 000) pour l'appellation.

Conseil de dégustation : à 16h servi sur une large tranche de pain de campagne et un petit vin blanc. J'aime bien l'expression. La chanson de 1943 écrite sur les bords de Marne, hymne de la France heureuse de l'époque. Partez mes enfants, vous avez vingt ans, partez en vacances, le train vous attend*.

*Ajout.

Sans queue ni tête.
Définition de mes livres pas de l'homme.

Et si la matière divine du vin était son eau ? On cherche depuis des siècles ce qui fait qu'un vin sublime, vieillit au-delà de ses tannins. Minéraux, sol, cépage, biodynamie ? Et si l'eau résiduelle n'était pas cette lumière divine qui a pris un goût fermentaire ? On parle de corps, d'âme et d'esprit. Trinitaire est l'eau puisqu'elle est vie. Vie baptisée.

Tête de saint Jean le Baptiste Mosquée de Damas.

Oh le beau menu !

Islam.

Le baptiseur au cœur de l'islam. L'islam est une bonne religion lorsqu'elle reste une tradition. Paroles de guerre ou tradition de paix selon Jésus Christ. Marie est la plus citée alors embrassons là.

Bonaparte : il fut enfin qu'on pouvait se faire musulman sans se faire circoncire, ni s'abstenir du vin ; qu'il fallait seulement faire de bonnes œuvres en proportion du vin que l'on buvait. Il aurait aimé rester, devenir un empereur d'Orient. Mais la France.

Probabilités statistiques d'un covid tracker.

Le cas contact et risque qu'il y ait une personne positive dans un lieu réunissant cinquante personnes : 40% (selon la science, et dit autrement, si on observait 100 événements similaires à celui-ci, alors dans 40 d'entre eux il y aurait au moins un cas positif, qui pourrait à son tour contaminer les autres participants.). Heureusement que l'école préserve les autres des cas contact. La personne positive n'aurait pas dû être là puisqu'elle est d'abord cas contact. Donc on ne peut croiser des cas contacts que s'ils ne savent pas qu'ils sont cas contact eux-mêmes ayant croisé des cas contact avant qui ne le savaient pas non plus. Le cas contact qui le sait est un danger. Il faut l'enfermer. Nous prendrons des mesures en ce sens. Plus l'enfant est jeune moins il doit voir ses congénères. Il pourrait être positif et contaminer ses aînés. Il ne faut plus voir ses parents qui sont à risque. Il faut démocratiser le haschich pour comprendre nos logiques d'accompagnement de la maladie. Il faut redéfinir le terme de malade. Un malade est malade tant qu'il n'est pas mort. Il est potentiellement malade avant sa mort selon les statistiques. Il peut transmettre des maladies.

Comment dépenser 50 euros à Paris.

Macaronis farcis foie gras truffe, gratiné au parmesan : 14.
Ris de veau, foie gras poêlé, jus de veau, purée au safran : 26.
Brie de Meaux farci à la truffe : 10.
Où ? Rue des Ciseaux.

Bistrots.
Pourquoi aller au Bistrot d'Henri ? La perfection du bistrot est un art. On succombe par son charme. Menu invariable, la blanquette revient bientôt. On sait faire cuire les oignons, on sert juste.

Salive. Les nourrices guérissent par elle toutes les inflammations. Maître Albert : pour se faire aimer, on se frottera les mains au jus de verveine. Il faut relire le saint des savants et scientifiques Albert le Grand donnant Maubert.

Magie : par sa connaissance on peut éviter le mal et faire le bien. On loue son effet par sa fin.

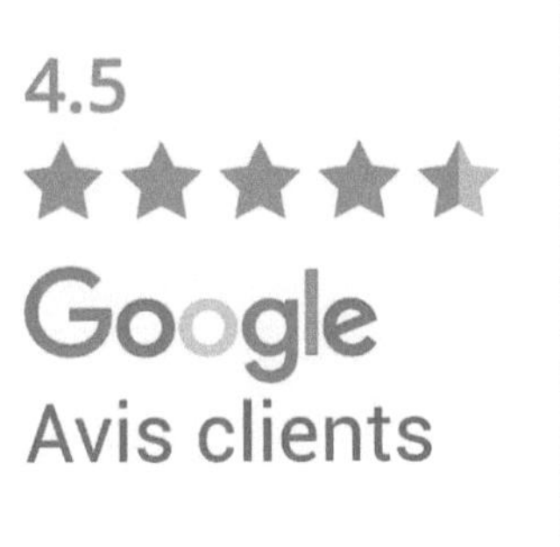
4.5
Google
Avis clients

Le jugement.

Depuis l'école on est noté. Aujourd'hui tout le monde peut détruire une vie par un avis Google ou autre. Où est la maîtresse ? Que vous soyez sanctionnés par la police ou les impôts c'est une chose, pas par le premier quidam qui ne vous a pas capté. C'est comme si j'allais noter sa femme et ses enfants. T'es qui toi l'anonyme ? De quel droit tu te prévaux, prévôt des gens malheureux ? Tu assassines gratuit comme les mouches que tu faisais souffrir petit. Cela vient de ton père ou de ta mère ? La dénonciation est de même source. Petitesse des gens qui tuent.

Palliatif.

Pour se dégoûter du vin, pensez à une matelote d'anguille bien grasse au beurre sauce vin rouge pas bien cuite. Ou à votre voisin. Inspiré d'Albert et d'un autre livre sur le sevrage.

Pour moins fumer, prisez, enfin mangez-en, ça décolle les dents, mais ça ne fume pas.

Cela me fait penser à Nicolas Paradis de Ô Chateau et des Caves du Louvre obnubilé par son image de marque et les fumeurs. Le monde du vin fume, donc ne fais pas croire que tu en es. Ou engage des blondes en jupe qui récitent des textes improbables pour expliquer la beauté du vin.

« Bonjour, nous allons passer une heure ensemble, sans supplément. »

Commentaire client : « l'inoubliable bonté divine. »

L'écriture est une psychiatrie. C'est ce que je viens de faire en ce mois d'août 2022, chiant et chaud. Merci pour mes relectures, je me suis compris. Un commentaire client, un bon cette fois, et toujours inoubliable : « super tour nous avons adoré ! François est super pour nous faire découvrir de bonnes adresses et nous faire découvrir plein de choses !! Nous avons passé un moment inoubliable ! » Le 31 août 2022.

Je ne suis pas aimé par Les Caves du Louvre et je ne suis pas jeune et blonde. J'ai donné et cela m'a sauvé.

Je reprends donc ma liberté. Il vaut mieux mourir avec ses idées. Nous ne sommes pas du même moule et j'ai aujourd'hui tort.

www.ingramcontent.com/pod-product-compliance
Ingram Content Group UK Ltd.
Pitfield, Milton Keynes, MK11 3LW, UK
UKHW040020200726
13854UKWH00001B/284

9 798210 626455